KB173231

金德明–양산 사찰학춤

◉ 춤과 그 사람 ◉

金德明 – 양산 사찰학춤

사진 정범태 · 글 구희서

열화당

●춤과 그 사람●

金德明 - 양산 사찰학춤
사진 정범태·글 구회서

초판 발행 ——— 1992년 9월 10일
발행인 ——— 이기웅
발행처 ——— 열화당 ⓒ 1992
　　　　　　 서울 강남구 신사동 506 강남출판문화센터
　　　　　　 전화 515-3141〜3, 팩시밀리 515-3144
등록번호 ——— 제 10-74호
등록일자 ——— 1971년 7월 2일

편집 ——— 기영내·공미경·김윤회·권정관
북디자인 ——— 박노경·이옥경
제작 ——— 오기환
인쇄 ——— 홍진프로세스
제책 ——— 일광제책

값 ——— 6,000원

Published by Youl Hwa Dang Publisher
Photographs Copyright ⓒ 1992 by Chung, Bum Tai
Printed in Korea

'춤과 그 사람'을 펴내면서

　　1963년 전주에서 김덕명金德明 선생의 춤을 처음 대하고 나서 나는 오랫동안 그의 춤사위를 머리속에 떠올리곤 하면서, 그야말로 진정한 춤꾼이라 생각했었다. 그리고서 나는 1966년도에 다시 부산에서 김 선생의 춤을 볼 수가 있었다. 그때 나는 불현듯 김 선생이 만나고 싶어졌다. 공연이 끝나기를 기다렸다가 몇 마디 말을 나눌 수가 있었으며, 서로 연락처를 주고받았다.

　　그 시절만 해도 춤 무대가 그리 흔치가 않았었다. 나는 두번째로 김덕명 선생의 춤을 구경한 뒤로는 더욱 그의 춤에 대하여 관심을 가지게 되었다. 그런데 김 선생은 아마도 나의 연연함 그리고 관심과는 달리 그저 신문 사진기자로서 흥미거리로 혹은 재미로 춤판을 찾아오는 좀 특별한 관객정도로만 여겼던 것 같다. 1969년경 진주에서 김 선생의 춤판을 또다시 접하게 되었다. 오늘만은 김 선생과 춤에 대한 이야기를 꼭 나누자는 생각으로 나는 김 선생의 춤과 동작 하나하나를 유심히 살폈다.

　　당시 김 선생은 지성승무, 나례춤, 주모춤, 한량춤, 학춤, 문둥 소고춤 등을 혼자서 계속 추어 나갔다. 공연 후에 저녁식사를 같이 하면서 나는 김 선생의 춤 하나하나가 좋은 춤이라고 찬사를 보내고 나서 "김 선생의 문둥 소고춤은 고성에 계신 박홍주 선생의 가락과 비슷한 데가 있다"고 덧붙였다. 그랬더니 나에게 박홍주 씨의 문둥 소고춤을 보았냐면서 그 춤을 어떻게 느끼냐고 물었다. 꽤 자신있게 아는 척을 했더니 박홍주 선생의 춤을 구체적으로 캐물으면서 "춤은 어디가 좋으며, 장단은 어떠하냐"고 세세히 챙기는 것이었다.

"오랜 세월 추어 온 춤꾼이라 꾸밈없이 춤은 무르익었고, 박홍두 선생은 엇박장단 사이로 춤을 추는데 춤을 잘 모르는 사람은 장단이 안 맞는다고 생각할 것"이라고 나름대로 대답했더니 김 선생은 그제서야 무릎을 치면서 "춤 보는 데 귀신이다"며, 앞으로 춤 이야기를 나눌 수 있는 사람을 만나서 반갑다고 손을 잡고 흔들어댔다. "앞으로 내 춤을 좀 잘 보소. 그리고 거저는 안 갖고 돈 주고 살테니 사진도 좀 주고. 그런데 사진은 그리 찍으면서 와 한 장도 안 보여주노. 진짜 찍기는 찍나"하고 농담을 건넸었다. 나는 "김 선생의 사진은 앞으로도 계속 찍어서 언젠가 한꺼번에 보여드릴 생각"이라고 말했던 기억이 난다.

　　김덕명 선생을 만난 지도 삼십여 년이 지났다. 그런데 그 많은 시간이 지나도록 한 장의 사진도 보여드리지 못한 것을 대단히 죄송스럽게 생각한다. 어쩌면 오랜 세월 보아 온 김 선생의 춤을 미숙한 사진으로만은 이야기할 수가 없어서 지금까지 망설이고 있었는지도 모르겠다. 김 선생은 지금도 나를 보면 "정 선생, 나는 참으로 복도 없다, 아이가. 당신도 알다시피 양산 사찰학춤이 무어가 좀 되려면 제자를 가르쳐야겠는데, 와 안 되노. 사람들이 학춤을 잘 모르는 것이 아인가" 하면서 아쉬움의 이야기를 하신다.

　　사진기자인 나 역시 우리나라에서 유일한 양산 사찰학춤이야말로 많은 제자를 길러 맥을 이어야 하는 뛰어난 춤이라고 기대를 하면서, 하루 빨리 훌륭한 춤의 맥이 이어지는 그날이 오기를 바라는 마음 간절하다.

　　나는 운이 좋은 사람이다. 내가 필요로 하는 최소한의 무형적 재산이 한반도 곳곳에 산재해 있기 때문이다. 지난 사십여 년의 세월 동안 나는 우리나라의 민속과 전통 그리고 춤꾼들과 국악인들을 만날 수가 있었다. 그들은 오랜 세월 슬픔과 기쁨을 한몸에 진 채 우리 것을 향한 열정과 사랑으로 메마른 이 땅에 한을 풀고 흥을 심고 그리고 또 이를 지키며 갈고 닦아 온 움직이는 보석들이다.

사십여 년 동안 '이 소중함들을 어떻게 간직할 것인가'라는 나 자신에게 던진
이 질문에 대한 답변으로 이제서야 여기 조심스레 보물보따리를 풀어 볼까
한다. 그러나 나는 그들의 춤 그릇과 움직임만을 이곳에 풀어 놓을 뿐 그들의
길고도 깊은 한의 이야기로 묶인 정신세계는 내가 가지고 있는 카메라로는
담아낼 수가 없었음을 고백해야겠다. 그렇지만 현대화에 발맞추어 변질되어
가는 우리 춤들 중에서 원형에 가장 가까운 몸짓들을 이 책에 담았다는
자부심은 있다.

　　끝으로 나에게 그 분들과의 지난 시간들을 한곳에서 만날 수 있게 도와주신
열화당 이기웅 사장님과 편집부 여러분께 진심으로 감사를 드리며 나는,
나에게 또한 우리에게 부끄럼 없는 책이 되기를 바라면서 오늘의 증언자가
되고자 한다.

　　1992년 봄
　　정범태

선비의 정신을 학의 움직임으로

김덕명의 양산 사찰학춤

  우리나라 전통 민속무용 속에는 새나 짐승 등 각종 동물 이름이 붙어 있는
춤들이 많다. 근세조선 궁중정재宮中呈才에 관한 각종 자료에서는 학의 탈을 쓰고
쌍으로 추는 학춤이 전해지고 있으며, 함경도 사자놀이나 봉산, 강령, 은율의
탈춤 속에는 두 마리의 사자춤이 활달한 모습을 보이고 있다. 한성준韓成俊이
신선무神仙舞와 함께 등장시킨 학춤은 중요 무형문화재로 지정되어 한영숙韓英淑에서
이흥구李興九에게 전해졌다. 이런 대표적인 사례 외에도 탈춤에서는 원숭이나
꼭두각시놀음에 나오는 이무기 같은 상상의 동물도 춤의 소재가 되었다.
그 밖에도 민간에는 익살과 은유로 풀어내는 각종 동물춤이 있다. 동래東萊
교방敎坊에는 두꺼비춤, 거북이춤(金熙) 등 한량들의 놀이를 위한 춤도 있고, 쥐와
고양이 흉내를 내는 춤(안기성)도 있다. 공옥진孔玉振의 창무극에 나오는
동물들을 소재로 한 춤은 또 상당히 많다.
  김덕명의 양산 사찰寺刹학춤은 궁중정재 학춤과 한성준의 학춤과 함께 학을
소재로 한 춤으로 독특한 개성을 지니고 있다.
  궁중정재의 학춤은 학의 외형을 약간 양식화해서 탈을 만들어 쓰고 학의
움직임을 춤으로 끌어낸 것으로, 연화대蓮花臺나 처용處容이 추어지는 때에 함께
등장하는 순서로 쓰였다. 학, 연화대, 처용의 합설合設이다.
  한성준의 학춤은 학의 모습을 아주 사실적으로 수용해서 탈을 만들어 쓰고 학의
움직임을 미세한 것까지 놓치지 않고 포착해서 춤으로 표현한 것으로, 단독으로도
추고 신선이나 선녀와 함께 등장하는 선경仙境의 한 구성요소로 쓰이기도 했다.

이 춤을 배운 한영숙, 강선영姜善泳의 회고에 의하면, 주로 쌍학이 많았고,
때로는 어린이를 써서 새끼학을 등장시켰다는 것이다.

김덕명의 학춤은 그들의 학춤과는 그 발상이 다르고 전해진 경로도 다르다.
이 춤은 1930년 중반까지 양산 통도사通度寺에서 추어졌다고 전해진다. 불가佛家의
승려들 중에는 어산범패魚山梵唄에 나오는 소리와 독경, 법고, 춤 등으로 전통적인
예능의 맥이 이어져 왔고, 양산 학춤도 그런 승려들에 의해 범패의 부수적인
여흥으로 추어져 왔다.

통일신라시대에 창건되었다는 통도사는 석가모니의 진신사리眞身舍利를 봉안한
불보사찰佛寶寺利로, 이 춤은 창건 당시부터 추어져 왔다고 전해진다. 근세조선
고종高宗 때부터의 전승 계보를 보면, 1820년경 당시 어산종장魚山宗長이었던
이월호李月浩에서 김설암金雪岩 신경수辛景壽 양대응梁大應 스님으로 이어진다. 신경수
스님이 1965년, 양대응 스님이 1972년 작고했으니, 이 두 스님에게서 김덕명이
춤을 배운 것이다.

이 춤의 독특한 점은 우선 그 복식에서 시작된다. 학의 형용을 한 탈이 아니라,
흰 옷과 검은 갓의 전형적인 조선조 선비의 복식이다. 흰 바지저고리에 행전을
매고 미투리를 신고 행의에 망건과 갓, 허리에는 푸른색 술띠를 맨다. 이런
차림으로 추는 양산 사찰학춤은 학의 노니는 모습을 스물네 가지의 동작으로
구분해서 끌어낸다. 음악은 학의 둥실둥실한 움직임과 잘 어울리는 굿거리장단이
주가 되고, 춤사위는 학의 움직임에서 가져 왔지만 학 그대로가 아닌 선비의
모습에 실어서 표현하는 것이다. 학의 모습, 노니는 거동 자체를 보여주는
것보다는, 학처럼 고고한 정신, 학처럼 우아한 움직임을 선비의 몸으로 표현하는
것이다.

나는 듯 들어서서 두 팔을 벌리고 한 발을 들고 장단을 받은 후 쏜살같이
내려앉는 첫번째 동작에서부터, 목을 길게 늘이고 점잖게 뽐내면서 좌우를 살피는

동작이 학의 움직임 그대로를 설명해 주면서도 시원한 춤사위를 펼친다. 먹이를 찾아 거니는 걸음이나 먹이를 발견하고 넓게 원을 그리며 노리는 모습, 신이 나서 으쓱거리며 뽐내는 모습, 먹이를 골라 찍어서 잡는 모습, 유유하게 노닐다가 놀라기도 하고 뛰고 노니는 갖가지 형상을 보여주고, 마지막에는 원을 그리며 날아갈 준비자세를 잡고 빠르게 비상하는 자세로 퇴장한다.

아무튼 움직임은 분명 학의 거동, 습성 등을 관찰해서 춤으로 표현해낸 것이지만, 행의行衣의 선비차림으로 추는 이런 동작들은 학의 존재만이 아닌 선비의 마음을 함께 읽을 수 있게 해 주는 것이다.

김덕명의 양산 학춤은 볼 만하다. 그가 추는 학춤은 정말 재미있고 멋이 있고 감탄스럽다. 우리 춤에서는 기교가 겉으로 과시되지 않고 장단과 마음이 어울린 속멋이 중시되지만, 이 춤에서는 발디딤 하나 손놀림 하나가 모두 정확도를 보이면서 춤의 기교를 충분히 과시한다. 서양의 발레나 현대무용에서는 동작의 난이도가 중시된다. 어려운 동작, 하기 힘든 동작에 대한 선호가 강하고 그런 요소들을 높이 평가한다. 우리 춤에서는 그런 요소나 평가는 겉으로 드러나는 것이 아니다. 춤이 익을수록 그런 재주는 감춰지게 마련이다. 그러나 김덕명의 학춤에서는 그런 모든 요소들이 남김없이 드러나면서도 우리 춤의 은근한 속멋이 함께 따라다닌다. 선비가 학이 되고 학이 선비가 된 듯, 사람과 춤이 어울려 몸과 마음이 모두 시원한 한바탕 놀이를 만들어내는 것이다. 춤꾼 김덕명의 최고의 장기이고 그의 춤 중에서 가장 볼 만하고 중요한 춤 목록이다.

그는 1924년 3월 22일 경남 양산군梁山郡 동면東面 내송리內松里 233번지에서 태어났다. 본관은 김해, 4대 전부터 그곳에서 살아온 토박이다. 아버지는 김현민金顯玟, 어머니는 이선령李先令으로, 오남이녀 중 넷째 아들이다. 그는 절과 인연이 많다. 집안으로도 절이 낯설지 않다. 그의 할아버지 김두식金斗熄은 통도사 재무를 맡은 곡수였고, 학춤을 민간에 전한 사람이다. 어린 시절 김덕명은 난장이

트면 으레 기웃거리고, 걸립패라면 만사 제치고 쫓아다녀 어머니를 걱정시켰다. 이런 그는 일곱 살 때 동래 범어사梵魚寺에 맡겨졌고, 여덟 살 때는 통도사에 맡겨졌다. 이 절에서 그는 김구하金九河 스님의 제자로 고암古岩이라는 법명을 받았다.

그의 춤수업은 이런 절생활 속에서도 계속되었다. 그는 절에서 양대응 스님에게 학춤과 함께 지성승무至誠僧舞, 연등나례무燃燈儺禮舞, 바라춤哱囉舞 등을 배웠고, 열세 살부터 진주晉州 권번券番의 김농주金農宙를 수양누이로 삼아 권번에 드나들며 교방의 양반춤, 진연무進宴舞, 태극무太極舞, 소고무小鼓舞, 화랑장검무花郎長劍舞 등을 배웠다. 이런 춤들은 이주서李周瑞에서 고수길高壽吉, 김농주로 이어진 진주 교방 명무계보를 잇는 것이었다. 그의 학춤은 절에서 내려온 계보와 그의 조부에서 안화주安化周, 황종열黃鐘烈로 이어져 민간으로 갈라졌던 계보가 합해진 것으로 볼 수 있다.

그는 열아홉 살에 정용순에게 장가들어 이남삼녀의 오남매를 두었다. 해방 전에는 징용으로 끌려 나갔었고, 해방 후에는 잠시 경찰일을 한 적이 있으며, 6.25 후에는 면서기로 팔 년간 일했고, 경제통신사經濟通信社 영도지국장影島支局長 노릇도 했다. 다시 입산해 영도 법화사法華寺에 들어가기도 했지만, 금방 다시 나오고 말았다. 이런 모든 시대의 변화 속에서 많은 일을 겪으면서도 그는 한번도 춤을 완전히 놓아 본 적이 없었다고 말한다. 그러나 그의 춤은 직업이 될 수가 없었던 것이다. 그가 춤을 가르치는 일에 전념하게 된 것은 전통예술 전반에 대한 새로운 인식이 높아지면서 가능해진 일이었다.

1970년대에 이르러서 그는 본격적으로 춤을 가르치기 시작했다. 1980년대에는 진주의 무용계와 전통예술 전승현장에서 그가 할 일이 많아졌다. 개천예술제를 만들고 전통예술 후원에 나섰던 박병제朴兵濟가 그에게 진주 교방에 전하던 한량무閑良舞를 보급할 것을 권했고, 그는 이 일로 세 제자들을 만났다.

한량무는 성계옥成季玉, 정필순鄭畢順 등 진주 검무의 인간문화재를 중심으로 배역을 정해, 1979년 5월 경상남도 도지정 문화재 3호로 지정되어 그도 예능보유자 지정을 받았다.

1980년대에 그의 학춤은 서울 세종문화회관과 국립극장 등의 명무전에 빠지지 않는 항목이었고, 공간사랑 초청무대로 그의 춤 전반의 여러가지 작품이 모두 소개되기도 했다.

그는 타고난 춤꾼이고 사찰, 교방, 민간에 전하는 폭넓은 춤의 맥을 이어받은 사람이다. 평생 춤을 추었고 지켰고 가르치고 있다. 그러나 그의 모든 춤, 모든 활동 중에서 학춤은 단연 최고의 품목이고 수준이다. 다른 춤은 오히려 학춤의 그늘에서 맥을 못 춘다.

그 역시 이 학춤에 관해서는 유난히 제자 욕심을 낸다. 지금 그와 함께 학춤을 따라 출 수 있는 제자로는 박수현朴秀賢이 있다. 배운 사람은 많지만 배워서 익히는 과정이 힘든 춤이라서 내세울 수 있는 제자가 많지 않다. 그는 자신의 둘째 아들 김성수金性洙를 다음 세대 전승자로 기대하고 있다. 아들에게 제자될 것을 다짐받아 놓았다는 것이다. 김성수는 영축총림 방장 스님인 윤월하尹月下 스님의 제자로, 법명은 자성自性이며 통도사 교무국장을 지낸 스님이다. 그는 김해 시립무용단을 이끌면서 경남 지역 무용무대에서 많은 일을 한다. 그런 무용활동, 그런 무대에서 만드는 그의 춤들. 그가 추는 여러가지 춤들은 때때로 빈틈이 보일 수 있지만 학춤만은 하늘이 주신 그의 보배고 우리의 기쁨이다.

연보

1924   3월 22일 경상남도 양산에서 부친 김현민과 모친 이선령 사이에서
　　　　태어났다.

1929   동리에 있는 서당에 다니며 공부를 했으나, 서당공부보다는
　　　　광대들의 춤이나 놀이판의 흥겨움에 더 끌리고 있었다.

1932   범어사와 통도사를 다니며 당시 통도사의 주지인 양대웅 스님에게서
　　　　양산 학춤, 지성승무, 바라춤 등 여러 춤들을 전수받았으며, 한편
　　　　해인사에서 통도사로 온 신경수 스님에게서도 학춤과 승무를
　　　　배웠다. 또한 통도사에 다니며 춤을 익히는 동안 권번을 드나들며
　　　　당시 권번장이던 고수길에게 춤과 가락, 악기, 시조, 창 등 여러
　　　　분야의 예능을 몸에 익혔다.

1940   개성 권번에서 춤을 추게 되었고, 지방마다 옮겨 다니며 솜씨를
　　　　발휘해 임방울이나 모추월, 김농주 같은 이들의 칭찬을 받았으며,
　　　　특히 김농주와는 의형제를 맺기도 했다.

1941   권번에 드나들며 춤과 가락을 배운다는 것을 집안에서 알게
　　　　되어 그는 포항으로 가출을 했다. 가출한 지 얼마 안 되어
　　　　큰형님에게 붙들려 집으로 돌아왔으며, 황민연성도장皇民練成道場이란
　　　　학교에 입학했다.

1943   학교를 졸업하고 다시 권번생활로 돌아왔다. 당시 그는 황종열과
안화주에게서 양산 통도사의 사찰학춤을 배웠으며, 김농주에게서는
신라장검무, 기생소고무, 타령, 굿거리, 한량무 등 주로 교방무를
배웠다. 그러다가 일본군의 징집명령을 받았으며, 징집을 석 달
앞두고 정용순과 혼례를 올렸다. 신혼생활도 제대로 못하고
중국땅으로 징집되어 그곳에서 해방을 맞았다.

1948   12월, 시험을 치른 후 면서기생활을 시작, 그 후 팔 년간 춤이나
장단과는 담을 쌓고 충실하게 직장생활을 했다.

1957   부산대학교 전통예술연구회를 지도하면서 그곳에서 십여 년간
제자를 양성하던 중, 전통예술을 천시하던 사회의 풍속이 차츰
개선됨에 따라 춤생활에만 열중하게 되었다.

1975   무형문화재 발굴작업의 일환으로 양산 사찰학춤에 대한 실태조사를
위해 통도사를 비롯한 크고작은 절들을 찾아다니던 김천흥, 서국영
등과 만나 공동작업을 벌인 결과, 이듬해인 1976년 12월 7일에는
양산 사찰학춤의 무보를 발간했으며, 12월 8일에는 양산 사찰학춤
특별 강습회 및 상연을 가졌다.

1977   서울 Y.M.C.A. 제3회 전통무용발표회에서 양산 사찰학춤,
지성승무, 한량무 등을 발표했으며, 진주 민속예술보존협회에서
전통무용 부문의 선생으로 제자들을 가르치기 시작했다.

1978   진주 시립국악원에서도 전통무용을 담당하여 가르쳤으며,
11월 9일에는 개천예술제 민속경연대회에 참가하여 최우수상을
수상하기도 했다.

1979 5월 2일, 한량무가 경상남도 도지정 무형문화재 제3호로
      지정되었으며, 한량무를 가르친 제자들과 함께 예능보유자로
      지정되었다.

1980 8월, 진주에 '교방청 김덕명 전통무용연구소'를 개설했다.

1981 부산에도 전통무용연구소를 냈으며, 일본에 가서 공연했다.

1982 3월부터 부산전문대학 무용과에서 민속무용을 강의했다.

1983년 이후   대한민국 명무전에 양산 학춤이 선발되어 출연했으며,
          1986년 아시안 게임과 1988년 서울 올림픽 때 축하공연을 했다.

Symbolism of the Scholar's Noble Spirit

The Crane Dance of Yangsan Temple

by Kim Tŏk-myŏng

Kim Tŏk-myŏng (1924—   ) learned his *Crane
Dance of Yangsan Temple* (Yangsan Sach'al
Hakch'um) from two priests, Shin Kyŏng-su and Yang
Tae-ŭng, both acclaimed performers of the dance, at
T'ongdo-sa Temple in Yangsan, Southern Kyŏngsang
Province, in the 1930s. Up until this time, the dance
was performed by monks at the historic temple for
entertainment of worshipers during major rites. It is
said the dance had been performed by another
distinguished duo, Yi Wol-ho and Kim Sŏl-am, in the 1920s.

There are a few different versions of the crane
dance handed down in Korea over the centuries. Kim's
version is distinguished from others in that it expresses
the lofty spirit of the scholar which ancient Koreans
often compared to the crane. It is performed by a male
dancer donning a long, white coat and holding a
folding fan in his hand. In the court version, the
dancer wears an overall feathered costume simulating
a real crane. There is another version forming part of a
folk masked dance play, which emphasizes the ritual aspects.

The crane dance by Kim stands out in the Korean
native dance tradition for its graceful style and
technical ingenuity.

—Translated by Lee Kyŏng-hee

날개치며 빠르게 내려온 학이 자리를 잡고
외다리로 서서 주변을 살피다가 천천히 맴돈다.

먹이를 찾아 거니는 학의 걸음은
선비의 몸에 실려 멋들어진 춤을 만들어낸다.

학의 움직임을 스물네 가지의 동작으로 구분해서 끌어낸다.
뒤뚱거림 그리고 기웃거림.

외다리 디딤새에는 흥겨움이 솟고,
느릿느릿 걷는 학의 걸음걸이가 느껴진다.

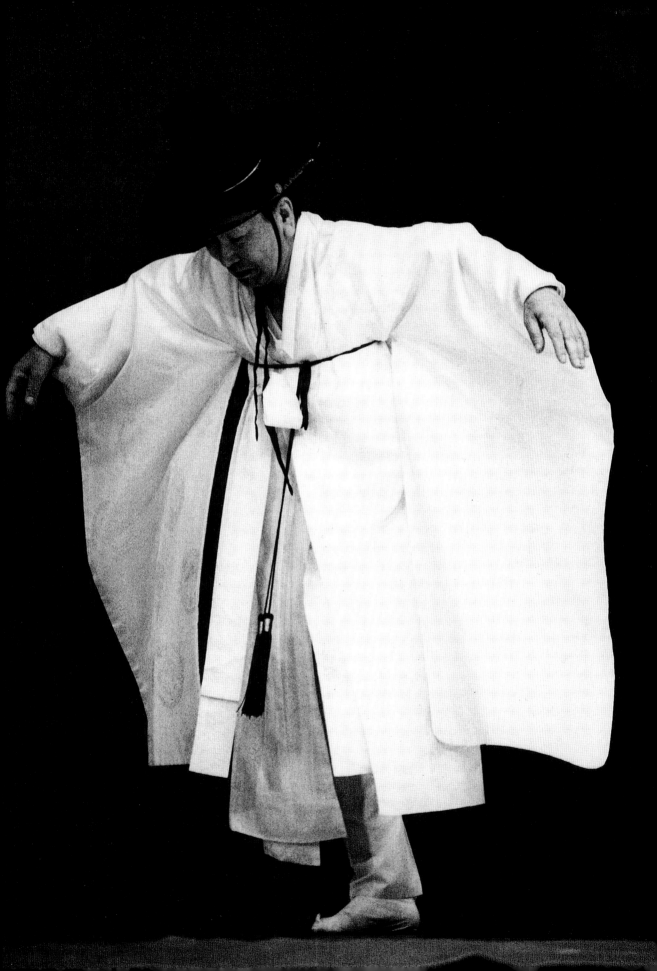

선비의 몸짓에서 학의 모양과 마음을 읽을 수 있다.

높이 날았다가 다시 내려앉는 학의 모습이
춤꾼의 몸으로 선명하게 표출된다.

점잖게 몸을 간추리며 유유하게 거닐면서